AF249466

ASSOCIATION FRANÇAISE

POUR

L'AVANCEMENT DES SCIENCES

CONGRÈS DE NANTES

1875

M

PARIS

AU SECRÉTARIAT DE L'ASSOCIATION

76, rue de Rennes.

ASSOCIATION FRANÇAISE
POUR L'AVANCEMENT DES SCIENCES

EXTRAIT DES STATUTS ET RÈGLEMENT

VOTÉS PAR L'ASSEMBLÉE GÉNÉRALE DU 27 AOUT 1874.

STATUTS.

Art. 4. — L'Association se compose de membres fondateurs et de membres ordinaires : les uns et les autres sont admis, sur leur demande, par le Conseil.

Art. 5. — Sont membres fondateurs les personnes qui auront souscrit à une époque quelconque une ou plusieurs parts du capital social : ces parts sont de 500 francs.

Art. 7. — Tous les membres jouissent des mêmes droits. Toutefois les noms des membres fondateurs figurent perpétuellement en tête des listes alphabétiques, et les membres reçoivent gratuitement pendant toute leur vie autant d'exemplaires des publications de l'Association qu'ils ont souscrit de parts du capital social.

RÈGLEMENT.

Art. 1er. — Le taux de la cotisation annuelle des membres non fondateurs est fixé à 20 francs.

Art. 2. — Tout membre a le droit de racheter ses cotisations à venir en versant une fois pour toutes la somme de 200 francs. Il devient ainsi membre à vie.

La liste alphabétique des membres à vie est publiée en tête de chaque volume, immédiatement après la liste des membres fondateurs.

Les souscriptions sont reçues :
Au Secrétariat, 76, rue de Rennes;
Chez M. Masson, *trésorier*, 17, place de l'École de Médecine.

Les souscriptions des membres fondateurs peuvent être versées en une seule fois, ou en deux versements de chacun 250 francs.

Nantes. — Imp. Vincent Forest et Emile Grimaud, place du Commerce, 4.

ASSOCIATION FRANÇAISE

POUR L'AVANCEMENT DES SCIENCES

M. Ed. PIETTE

de Craone.

LES VESTIGES DE LA PÉRIODE NÉOLITHIQUE COMPARÉS A CEUX DES AGES ANTÉRIEURS

— Séance du 26 août 1875. —

Les vestiges de la période néolithique ont paru à divers auteurs si différents de ceux des âges antérieurs, qu'ils ont pensé qu'entre les temps quaternaires et ceux de la pierre polie il s'est écoulé une époque de désolation pendant laquelle les terres de l'Europe occidentale ont été inhabitées et la tradition de l'homme a été interrompue. M. Cartailhac s'est fait le champion de cette manière de voir, qu'il a défendue avec un incontestable talent, et s'il n'a pas réussi à convaincre la plupart de ses lecteurs, il a du moins éclairé certains côtés de la question.

Je suis de ceux qui ne se sont pas laissé persuader, mais je n'ai pas l'intention de le combattre ici. Mon but est seulement d'établir une base solide pour la discussion en signalant d'une manière précise les rapports et les différences de l'industrie de la pierre polie avec celle des âges antérieurs. Pour y parvenir, je vais comparer les armes, les outils, les ustensiles et les objets d'art de la période néolithique avec les vestiges des temps plus anciens.

ARMES

Les armes furent en silex ou en autre pierre dure pendant l'âge néolithique comme pendant les âges qui précédèrent les temps magdaléniens. Elles consistèrent en lances, javelines, flèches, poignards et haches. Les flèches, les javelines et les lances dérivent de deux types créés pendant les âges du Moustier et de Solutré. Celles qui se rapportent au type moustiérien ont un de leurs côtés plat, formé par l'enlèvement d'un seul éclat, et l'autre taillé à longues facettes. Celles qui dérivent du type solutréen sont taillées des deux côtés à petits éclats avec beaucoup de soin. Voyons d'abord ce que les populations néolithiques ont pris dans l'armement solutréen.

TYPE SOLUTRÉEN

Flèches. — De Ferry a écrit dans le *Mâconnais préhistorique*, p. 73:
« Il me reste, pour résumer la question des armes caractéristiques de
» Solutré, armes nécessairement en harmonie avec la manière de com-
» battre ou de chasser de la tribu, à signaler un fait très-remarquable :
» l'uniformité des prototypes des têtes de flèche, prototypes qui peu-
» vent être ramenés, sauf d'insignifiantes exceptions, à quatre combi-
» naisons géométriques :

» 1º L'ovale terminé en pointe à une seule extrémité (Pl. XVI,
» fig. 4) (¹).

» 2º L'ovale terminé en pointe aux deux extrémités de son grand
» axe (Pl. XVI, fig. 2).

» 3º Le losange (Pl. XVIII, fig. 28 et 30).

» 4º La double triangle de hauteur inégale opposé idéalement base
» à base (Pl. XVIII, fig. 35). »

La seconde variété dérive évidemment de la première, dont la forme rappelle celle des pointes amygdaloïdes de Saint-Acheul ; la troisième dérive de la seconde et la quatrième de la troisième.

Ces quatres types de tête de flèche ont été retrouvés dans l'armement néolithique.

1º A la variété solutréenne de tête de flèche ovale à une seule pointe

---

(¹) Dans les planches, les numéros suivis d'un point indiquent les figures des silex paléolithiques. Les numéros qui ne sont suivis d'aucun point s'appliquent aux silex néolithiques.

(Pl. XVI, fig. 4) correspondent une flèche du camp néolithique de Chas-. sey (Pl. XVI, fig. 3), une flèche du même âge, provenant de la grotte néolithique de Durfort (Pl. XVII, fig. 2), une flèche du tombeau de La Coste (Hérault), âge de la pierre polie, une flèche des foyers-sépultures de Louvaresse, Isère (*Matériaux pour l'histoire de l'homme,* 5ᵉ année, 2ᵉ série, pl. 5, fig. 1), une flèche de la grotte sépulcrale de Gélie, Charente (*Matériaux,* 9ᵉ année, pl. 21, fig. 4), enfin diverses flèches néolithiques des bords de la Saône (*Mâconnais préhistorique,* pl. 34, fig. 1 et suiv.)

2° A la tête de flèche ovale à deux pointes de Solutré (Pl. XVI, fig. 2) correspondent une flèche néolithique de Saint-Saturnin, Savoie (Pl. XVI, fig. 1), une tête de flèche du dolmen de Truans, Aveyron, dessinée dans les *Matériaux,* 3ᵉ année, p. 231, fig. 41, et une flèche de la caverne de Saint-Mamet, Haute-Garonne, âge de la pierre polie (Pl. XVI, fig. 5). Celle-ci est légèrement tronquée à la base.

3° A la variété solutréenne de tête de flèche en losange (Pl. XVIII, fig. 28 et 30), on peut assimiler les flèches néolithiques du camp de Chassey (Pl. XVIII, fig. 31), et de la station de Réal, Tarn (Pl. XVIII, fig. 32).

4° A la quatrième variété de Solutré (Pl. XVIII, fig. 26 et 35), sont tout à fait assimilables, une pointe de flèche recueillie dans le camp de Chassey (Pl. XVIII, fig. 34), une autre trouvée dans le dolmen de la Glène, Aveyron (Pl. XVIII, fig. 33), une tête de flèche provenant du dolmen de Viala, Aveyron (Pl. XVIII, fig. 27), enfin une pointe de flèche du même âge provenant des bords de la Saône (Pl. XVIII, fig. 29, collection Mercey).

Ces quatre variétés sont communes dans le centre de la France et dans les régions circonvoisines, pays qui furent ceux de l'industrie solutréenne la plus florissante. Elles ont continué à être en usage jusque pendant l'âge du bronze, et c'est même d'elles que paraissent être dérivées les têtes de lance et de javeline en fer dont se sont servis les Gaulois, car l'âge des métaux imita les formes de l'âge de la pierre. On ne peut indiquer aucune différence entre les flèches néolithiques appartenant à ces quatre types, et leurs similaires paléolithiques, et ce n'est le soin moins minutieux que l'ouvrier de la pierre polie apportait parfois à la confection de ces armes. Préoccupé avant tout de leur utilité, lorsqu'il avait en main un silex plat, il en taillait les bords, sans se donner la peine de travailler le milieu; car ce travail n'aurait rien ajouté à la puissance de la flèche. Je ne sache pas que l'ouvrier solutréen ait jamais

montré pareille négligence. Amoureux des belles formes qu'il avait
créées, il cherchait à les réaliser dans toute leur perfection. Il était artiste en même temps que tailleur de silex. L'homme néolithique a
connu aussi le culte de la forme dans la fabrication des armes; mais c'est
surtout dans la confection des flèches barbelées, des poignards et des
autres types inventés par lui qu'il a déployé son talent.

Outre ces quatre types de flèche, qui sont passés sans modification
dans l'armement néolithique, les chasseurs solutréens en ont connu
t̃ ̃us autres, qui échappent à la classification de Ferry : la pointe à
pédoncule, la pointe à base tronquée et la pointe monobarbelée.
Il est impossible de les passer sous silence dans une étude comparative
des armes des deux époques, car c'est d'eux que sont nées les trois variétés de la flèche néolithique par excellence : la flèche barbelée.

1° Le pédoncule était destiné à faciliter l'adaptation de la flèche à la
hampe. Il se forma progressivement. Les premiers furent rudimentaires. Tels sont ceux de deux pointes recueillis par de Ferry dans les
amas paléolithiques de Solutré, l'une dont le talon se déforme et s'al-
longe un peu (Pl. XVIII, fig. 17), l'autre (Pl. XVIII, fig. 26) dont la base
rétrécie est très-comparable à celle d'une flèche néolithique trouvée
par M. Mercey dans les berges de la Saône (Pl. XVIII, fig. 29). Les
têtes de flèche à long pédoncule sans aileron ne sont pas très-rares
dans les stations solutréennes. J'en ai fait dessiner quatre dans la
planche XVIII, deux recueillies à Solutré même (fig. 18 et 19), vne à
Saint-Martin-d'Excideuil (fig. 21) et une autre à Laugerie-Haute
(fig. 22). Elles sont non moins communes dans les stations de la pierre
polie. Telles sont celles qu'on a trouvées dans le dolmen de Blachère
(Pl. XVIII, fig. 20), dans un autre dolmen de la Lozère (Pl. XVIII,
fig. 16), dans les berges de la Saône (Pl. XVIII, fig. 11), et à Saint-Saturnin (Pl. XVIII, fig. 15). Celles-ci ont généralement une forme plus
conique, et elles sont ̃n peu plus anguleuses latéralement ; mais il y a
transition presque insensible des unes aux autres, et les flèches à angles
latéraux, telles que celles du dolmen de la Glène, Aveyron (Pl. XVIII,
fig. 9), conduisent par des formes intermédiaires à la flèche à ailerons
rudimentaires (voyez une pointe du camp de Chassey, pl. XVIII, fig. 10,
et une autre du dolmen de la Glène, pl. XVIII, fig. 8). Parmi les flèches
néolithiques à pédoncule, il y en a qui sont plus allongées que les précédentes et qui sont presque assimilables aux flèches de Saint-Martin-
d'Excideuil (Pl. XVIII, fig. 21, et de Laugerie-Haute, fig. 22). Telles sont
la flèche de provenance danoise (Pl. XVIII, fig. 23) et celle de la grotte
de Durfort (Pl. XVIII, fig. 24). Elles ont généralement le pédoncule
mince. On peut rapprocher de ces formes allongées la grande pointe de

trait italienne dessinée dans les *Matériaux pour l'histoire de l'homme*, 6ᵉ année, pl. 19, fig. 3 (Pl. XVIII, fig. 25). A côté d'une flèche trouvée dans le dolmen de Viala (Pl. XVIII, fig. 27), j'ai fait représenter trois flèches à pédoncule, que de Ferry *(Ancienneté de l'homme dans le Mâconnais)*, a décrites comme provenant des couches à ossements de renne de Solutré (Pl. XVIII, fig. 12, 13 et 14) ; elles sont aussi des intermédiaires entre les flèches ovales pédonculées et les flèches à ailerons. Mais quoique recueillies à Solutré, elles ne sont probablement pas paléolithiques. Après la fin des temps quaternaires, cette station a été occupée par les hommes de la pierre polie, puis par ceux du bronze. Les glissements du sol sur la couche argileuse sous-jacente ont, en plus d'un endroit, mêlé les vestiges des âges successifs. Aussi de Ferry, dans *le Mâconnais préhistorique,* a déclassé ces armes et les a placées parmi les flèches néolithiques, dont elles présentent réellement les caractères par leur forme courte et par leur petite taille. La flèche de la station néolithique de Réal (Pl. XVIII, fig. 25), relie la flèche néo-solutréenne de la fig. 12 aux types à ailerons.

Parfois les hommes néolithiques entaillaient la base du pédoncule pour fixer le silex plus solidement au manche. Telles sont la flèche de Saint-Mamet (Pl. XVIII, fig. 4), celles que M. Arcelin a recueillies dans les berges de la Saône (Pl. XVIII, fig. 6 et 7) et celle que ce même savant à trouvée à Solutré (Pl. XVIII, fig. 5). Si l'on examine la gradation que présentent les figures 4, 6, 7 et 5 de la pl. XVIII, on reconnaîtra que les entailles du pédoncule ont conduit l'ouvrier à la forme à ailerons insensiblement et sans qu'il paraisse avoir eu pour but de rendre l'arme plus meurtrière ; car la flèche représentée par la figure 5 a incontestablement des ailerons, mais des ailerons arrondis, qui ne devaient pas s'opposer beaucoup à son extraction de la plaie. Je ne pense pas que les peuplades de l'âge du renne aient jamais entaillé le pédoncule de leurs flèches en silex. Mais ils ont fini par connaître l'art d'entailler la base de leurs pointes de javeline pour faciliter leur ajustement à la hampe (voyez Pl. XVII, fig. 7) (¹).

Quelques auteurs ont prétendu que la flèche bibarbelée en silex date des temps solutréens. M. de Vibraye dit en avoir trouvé une dentelée à courts ailerons dans les amas paléolithiques de Laugerie-Haute, et l'abbé Ducrost soutient qu'il en a recueilli une dans les couches anciennes de Solutré. A ce sujet, M. de Mortillet a fait observer que des débris néolithiques recouvrent, en ces deux stations, la couche solutréenne, et il pense que ces savants ont fait confusion. M. Cartailhac, moins exclusif, accorde à l'abbé Ducrost que sa flèche barbelée est de

(¹) J'ai vu dans la collection de M. d'Acy une flèche moustiérienne dont la base est entaillée latéralement. Elle provient du Pecq.

l'âge du renne. Cela n'est pas impossible ; mais si l'on arrive à démon-
trer que l'invention de cette arme meurtrière date des derniers temps
de cet âge, il n'en restera pas moins certain que son usage ne s'est gé-
néralisé qu'aux temps néolithiques. Si donc on la trouve réellement
dans les stations paléolithiques, il faut considérer sa présence comme
une exception, et nonobstant regarder cette arme comme généralement
caractéristique de l'âge de la pierre polie. Au surplus, qu'elle gise ou
qu'elle ne gise pas dans les amas solutréens, il n'en est pas moins indu-
bitable que les hommes de l'âge du renne ont créé les intermédiaires
qui la séparent des types quaternaires. Ce sont eux qui, par la transformation de ces types ont préparé l'avènement de cette forme nou-
velle ; et si elle ne fut pas complétement leur œuvre, elle fut le résultat
définitif d'un progrès lent mais continu dont ils ont été les premiers
auteurs.

2º Le second type qui n'entre pas dans la classification de Ferry est
celui des flèches à base tronquée. Il en a cependant fait dessiner deux
dans le *Mâconnais préhistorique*, pl. XXIII, fig. 12 et 13. Mais peut-être
a-t-il pensé que la troncature était accidentelle. Malgré l'irrégularité
de la cassure, je pense que cette troncature a été voulue. Il y a des
javelines et des lances du même type. J'ai fait reproduire pl. XIX, fig. 2,
une de ces pointes de flèche, qui toutes deux proviennent des couches
archéolitiques de Solutré. Assez rares pendant l'âge solutréen, les
flèches à base tronquée sont devenues plus communes aux temps néolithiques. Leurs diverses variétés ont fini par aboutir à la flèche à ailerons sans pédoncule. A la figure 2 de la planche XIX, comparez la flèche
néolithique, à base à peine tronquée, recueillie dans la caverne de
Saint-Mamet (Pl. XVI, fig. 5), celle qui provient de Saint-Saturnin et
dont le talon est droit (Pl. XVIII, fig. 1), la flèche à base concave des
bords de la Saône (Pl. XVIII, fig. 2), et celle de Saint-Saturnin, dé-
pourvue de pédoncule et armée d'ailerons rudimentaires (Pl. XVIII,
fig. 3).

3º Il y avait encore dans l'armement solutréen un septième type de
flèche : la flèche monobarbelée. Primitivement elle ne présentait latéralement qu'un angle assez obtus ; telle est celle que de Ferry a dessinée dans le *Mâconnais préhistorique* (Pl. XXIII, fig. 2). Mais bientôt
les ouvriers apprirent à façonner, au lieu d'un angle obtus, capable
déjà de déchirer la plaie, une véritable barbelure qui rendait difficile
l'extraction du silex retenu dans les chairs. J'ai fait représenter une
flèche monobarbelée de Saint-Martin-d'Excideuil (Pl. XIX, fig. 17).
MM. Lartet et Christy en ont fait figurer sept, provenant de Laugerie-

Haute, dans les *Reliquiæ Aquilanicæ* (A, Pl. VI, fig. 1, 4-7, 9 et 11). Ces armes, assez communes à Badegol, à la Balutie, à Laugerie-Haute et dans presque toutes les stations solutréennes du centre de la France, ne paraissent pas dater des premiers temps de l'âge du renne. Elles sont dues probablement au désir d'imiter avec le silex le harpon magdalénien. Sans doute, leur petite barbelure est fort éloignée de celle des harpons en bois de renne ; les ouvriers de la pierre polie seuls ont su réaliser avec le silex des ailerons non moins fins et non moins longs que ceux des armes magdaléniennes ; mais leurs prédécesseurs solutréens ont été leurs initiateurs ; ce sont eux qui ont inventé la première flèche en silex à aileron rudimentaire : la flèche monobarbelée. Les hommes de la pierre polie ont dédaigné de s'en servir sous sa forme paléolithique. Cependant c'est d'elle que semblent être dérivées les flèches néolithiques sans pédoncule, à ailerons inégaux, armes assez rares, mais qu'on ne peut omettre dans la nomenclature des flèches de cet âge. Le musée de Toulouse en possède un très-beau spécimen provenant des Abruzzes (Italie). On peut, sans trop de violence, le comparer à la fig. 2, pl. XXIII du *Mâconnais préhistorique*. La fig. 21, pl. XXXIV, de ce même ouvrage représente une flèche néolithique du même type, dont l'inégalité des ailerons est peu considérable.

Je n'ai pas parlé jusqu'à présent des flèches néolithiques dentelées. La raison en est qu'elles n'ont pas une forme particulière. La dentelure consiste en petites saillies régulières sur les côtés de la pointe du silex. Elle était destinée à déchirer les chairs de manière à rendre la blessure plus meurtrière. Elle orne indifféremment la flèche à pédoncule et à courts ailerons, la flèche quadrilatérale formée de deux triangles unis base à base, et même la flèche triangulaire. On la regarde généralement comme caractéristique de l'âge néolithique et des premiers temps de l'âge du bronze.

En résumé, des sept types de flèches qu'ont connus les peuplades solutréennes, six ont passé sans modification sérieuse dans l'armement néolithique. L'homme de la pierre polie a, en outre, fait usage de trois variétés de flèches barbelées inconnues pendant l'âge du renne. Mais ces formes nouvelles dérivent des formes solutréennes ; entre elles et les types anciens il y a des variétés intermédiaires qui indiquent un progrès lent et continu, accompli en grande partie par l'homme paléolithique. Loin de trouver dans l'étude de ces silex un argument favorable à l'hypothèse d'une lacune, on y rencontre, au contraire, le résultat d'efforts tendant vers un même but, accumulés par les générations qui se sont succédé, et la preuve de la continuité de la tradition humaine.

Javelines. Les javelines solutréennes appartiennent à six types principaux : 1° Les unes sont ovales et terminées en pointe aux deux extrémités ; telle est la pointe de trait de Solutré représentée par la fig. 6 de la planche XVII. C'est le type le plus commun. 2° Les autres, ovales, terminées en pointe à l'une des extrémités de leur grand axe, ont un côté plat formé par l'enlèvement d'un seul éclat de silex, et l'autre taillé à petites facettes. C'est un type mixte, qui tient à la fois de ceux du Moustier et de ceux de Solutré. Une javeline de cette forme, provenant de Laugerie-Haute, a été dessinée dans les *Reliquiæ Aquitanicæ*, A, pl. XXI, fig. 5 ; de Ferry en a dessiné deux qu'il a recueillies à Solutré (*Mâconnais préhistorique*, pl. XXIV, fig. 6 et 7). 3° Une troisième variété a l'extrémité antérieure terminée en pointe et la base tronquée. A cette forme appartient une javeline de Solutré (Pl. XVII, fig. 10), et une de Laugerie-Haute (Pl. XVII, fig. 7). Celle-ci, qui a été recueillie par Lartet et Christy, a des entailles à la base, faites pour en faciliter l'adaptation à la hampe. C'est la seule arme solutréenne que je connaisse, dont le talon soit ainsi entaillé. 4° Certaines têtes de trait sont pointues antérieurement et terminées en pédoncule postérieurement ; telle est celle que Lartet et Christy ont trouvée à Laugerie-Haute (Pl. XVI, fig. 10). 5° La même station a fourni à M. Massénat une tête de javeline que je n'ai pas dessinée, mais qui est semblable à celles du Danemark dont M. Lubbock a donné une bonne figure (*L'Homme avant l'histoire*, p. 77, fig. 8). 6° Enfin, on a recueilli à Saint-Martin-d'Excideuil et à la Balutie une sixième sorte de javeline. Elle a la forme d'un couteau, est munie d'un long pédoncule, et présente un aileron unique et rudimentaire. (Voyez *Matériaux*, 6ᵉ année, pl. XVIII, fig. 7).

Parmi ces six types, cinq ont leurs similaires dans les javelines de la pierre polie. 1° Aux pointes de javelot de Solutré (Pl. XVI, fig. 13, et pl. XVII, fig. 6) correspondent celles de la grotte néolithique de Durfort (Pl. XVI, fig. 12, et pl. XVII, fig. 5). 2° A côté des javelines ovales à une seule pointe de Solutré (*Mâconnais préhistorique*, pl. XXIV, fig. 6 et 7), et de Laugerie-Haute (*Reliquiæ Aquitanicæ*, A, pl. XXI, fig. 5), on peut placer une pointe des palafittes de l'Autriche. (*Matériaux*, 8ᵉ année, pl. XVII, fig. 3). 3° A la javeline à base tronquée de Solutré (Pl. XVII, fig. 10), et à celle de Laugerie-Haute (Pl. XVII, fig. 7), sont comparables celles qu'on a trouvées dans la grotte de Durfort (Pl. XVII, fig. 3 et 4). Celles-ci ont, comme la javeline de Laugerie-Haute, des entailles latérales à la base pour faciliter l'adaptation à la hampe. 4° On peut rapprocher du javelot à pédoncule de Laugerie-Haute (Pl. XVI fig. 10) un javelot néolithique découvert dans le dolmen de Vinnac-Aveyron, dont le large pédoncule est entaillé pour faciliter l'emmanchement (Pl. XVI, fig. 11). 5° On a rencontré dans les sépultures néolithiques du Danemark des pointes de trait (Pl. XIX, fig. 16) semblables à celle que M. Massénat a recueillie à Laugerie-Haute.

Les javelines monobarbelées de Saint-Martin d'Excideuil (*Matériaux*, 6° année, pl. XVIII, fig. 7) et de La Balutie n'ont pas d'équivalents parmi les armes néolithiques.

Ainsi cinq types de javelines solutréennes sur six passent dans l'armement néolithique. Un seul est délaissé par les hommes de la pierre polie. Parmi ceux que les néolithes ont utilisés, il en est trois qui datent des derniers temps de l'âge solutréen, la pointe à base tronquée et entaillée, la pointe à base pédonculée, et celle qui ressemble à la tête de javeline dont M. Lubbock a donné le dessin. Leur faciès a quelque chose de si néolithique qu'on a tout d'abord peine à croire qu'ils datent de l'âge solutréen. Mais un examen attentif tend bientôt à faire disparaître l'hésitation ; les entailles du javelot de Laugerie-Haute (Pl. XVII, fig. 7), moins savantes que celles des pointes de la grotte de Durfort, ont un cachet plus ancien. D'ailleurs Lartet, Christy et M. Massenat, qui ont recueilli ces armes, n'ont pas hésité à les considérer comme paléolithiques. Il est probable que parmi les familles peu nombreuses qui vivaient sous l'abri du rocher de Laugerie-Haute, les unes, à la fin de l'âge du renne, ont adopté d'une manière assez imparfaite l'industrie magdalénienne, tandis que les autres ont continué à tailler finement le silex, comme l'avaient fait leurs pères. De là vient qu'en certains points, l'amas solutréen y est recouvert par quelques vestiges assez clairsemés au milieu desquels on trouve de rares harpons en bois de renne et des gravures plus rares encore, tandis qu'en d'autres points, il renferme à sa partie supérieure ces armes en silex qui ont déjà l'aspect néolithique, quoiqu'elles ne gisent pas dans la couche à débris de poterie qui jonche le dessus de cet amas en différents endroits.

L'étude des têtes de javelots en silex n'est certainement pas plus favorable que celle des têtes de flèche à l'hypothèse d'une lacune.

Lances. Les têtes de lance recueillies à Solutré appartiennent à quatre types principaux : 1° L'ovale terminé en pointe à son extrémité antérieure (*Mâconnais préhistorique*, pl. 21, fig. 4) ; 2° l'ovale terminé en pointe aux deux extrémités de son grand axe (Pl. XVI, fig. 9) ; 3° le quadrilatère formé par la réunion de deux triangles isocèles d'inégale hauteur réunis base à base (Pl. XVII, fig. 12) ; 4° l'ovale terminé en pointe antérieurement et tronqué postérieurement (Pl. XVII, fig. 9).

Le premier de ces types, remarquable par sa forme amygdaloïde et courte, rappelle les pointes quaternaires de Saint-Acheul. Déjà très-rare aux temps solutréens, il paraît avoir été complétement délaissé

aux temps néolithiques. Il serait abusif de lui assimiler une longue
tête de lance trouvée dans un dolmen de la Lozère (Pl. XVI, fig. 6),
quoiqu'elle se termine antérieurement par une pointe et qu'elle ait
un talon rond. Mais celle-ci peut être rapprochée de la tête de lance
de Solutré (Pl. XVI, fig. 7). Très-allongées toutes deux, ces armes
avaient peut-être des bases de forme différente.

Les dolmens de l'Aveyron, de la Lozère, et la grotte néolithique de
Durfort ont fourni de nombreuses têtes de lance qui se rapportent aux
trois autres types de Solutré. Celle que M. Cartailhac a recueillie dans
le dolmen de Grailhe, Gard (Pl. XVI, fig. 8) est comparable à celle que
de Ferry a trouvée à Solutré (Pl. XVI, fig. 9). Toutes deux sont ovales
et terminées en pointe aux deux extrémités. Ce type fut très-répandu
pendant l'âge solutréen. L'ovale était alors plus ou moins allongé; il y
en avait de fort larges. Les variétés allongées ont seules été employées
par les populations néolithiques de la Gaule, mais les variétés larges
n'ont pas été proscrites en Danemark pendant l'âge de la pierre polie.
Il est assez singulier que ce soit dans cette presqu'île que les vestiges
de l'industrie néolithique présentent le plus de ressemblance avec ceux
de l'industrie de Laugerie-Haute et de Solutré.

La tête de lance qui provient du dolmen de Blachère (Pl. XVII,
fig. 11) peut être rapprochée de la pointe de Solutré (Pl. XVII, fig. 12).
Toutes deux ont des angles latéraux et sont formées par la réunion de
deux triangles. La tête de lance solutréenne a une forme plus géomé-
trique que celle des dolmens. Les pointes de pique à angles latéraux,
rares pendant l'âge du renne, furent au contraire très-nombreuses pendant l'âge de la pierre polie.

Enfin la tête de lance qui a été découverte dans la grotte néolithique
de Durfort (Pl. XVII, fig. 8), est assimilable à la tête de pique de Solutré (Pl. XVII, fig. 9). Toutes deux sont larges, ont la base tronquée
et se terminent antérieurement par une pointe.

Ainsi des quatre types de tête de lance en usage aux temps solutréens,
un seul, le type amygdaloïde a été abandonné longtemps avant l'ère de la
pierre polie, les trois autres ont été transmis aux peuplades néolithiques
qui ont continué à s'en servir. Généralement les lances de Solutré sont
plus ovales et ont leurs pointes plus effilées que celle des dolmens. Les
peuples néolithiques ont cru perfectionner cette arme en lui faisant
une pointe plus large pour qu'elle soit moins cassante et en donnant
plus de parallélisme à ses bords pour qu'elle pénètre plus facilement
dans les chairs. Ils ont aussi amélioré la partie du silex qui doit rece-
voir la hampe, en y creusant parfois des entailles latérales.

En résumé, les hommes néolithiques ont recueilli, dans l'armement
des peuplades solutréennes, leurs flèches, leurs javelines et leurs

lances. Ils les ont prises telles que les ont laissées les générations qui
les ont précédés, et les ont employées sans les modifier sérieusement,
leur imprimant seulement ce cachet particulier que chaque âge donne
aux choses dont il se sert; ils en ont transformé quelques-unes, créant
ainsi des types nouveaux, mais toujours dérivés des anciens. Ils ont
été les agents d'un progrès lent et continu qui a commencé dès l'âge
solutréen, et dont ils n'ont été que les continuateurs. Enfin ils ont
transmis à l'âge des métaux avec quelques formes nouvelles celles
dont ils avaient eux-mêmes hérité.

TYPE DU MOUSTIER

Les armes néolithiques dérivées du type du Moustier ne sont pas
moins nombreuses que celles dont le cachet est solutréen; mais, étant
moins belles et d'une confection plus négligée, elles ont été moins souvent recueillies et plus rarement figurées. Ce que je vais en dire con-
tiendra donc nécessairement de nombreuses lacunes, mais suffira
pour indiquer d'une manière certaine une des origines de l'industrie
néolithique.

Flèches. Parmi les flèches néolithiques, il en est de très-simples.
Plates d'un côté, ayant plusieurs longues facettes de l'autre, elles sont
terminées en pointe antérieurement et ont le talon plus ou moins ar-
qué, parfois même tronqué. Telle est celle des foyers-sépultures de
Louvaresse (Pl. XIX, fig. 3). Ce type est très-commun dans les couches
magdaléniennes supérieures de la grotte de Gourdan (Pl. XIX, fig. 1).
Je l'ai rencontré aussi à Lortet. De Ferry en a trouvé deux spécimens
en cristal de roche à Solutré (voyez *Mâconnais préhistorique,* pl. XXIII,
fig. 16 et 17). Cette forme fut donc en usage pendant toute la durée de
l'âge du renne, son invention remonte aux temps moustiériens (voyez
une flèche de la station d'Aiguebrun, pl. XIX, fig. 4); mais alors l'ouvrier retouchait ordinairement la pointe en enlevant de petits éclats
sur les bords (voyez une autre flèche d'Aiguebrun, pl. XVII, fig. 14). Il
a souvent fait de même aux temps néolithiques. Toutes ces flèches sont
à peu près symétriques; parfois cependant elles sont très-irrégulières.
Leur fabrication ne présentait aucune difficulté ([1]).

Javelines. Les javelines néolithiques de forme moustiérienne appartiennent à quatre types différents :

1° Les plus remarquables sont allongées, semi-ovalaires, terminées
en pointe antérieurement, et largement tronquées à la base; un de

---

([1]) Les premières flèches paraissent dater de l'âge moustiérien. On trouve à Saint-Acheul
quelques éclats qui pourraient à la rigueur avoir servi de flèche. Ils sont en trop petite quantité
et trop peu soignés pour faire penser que l'arc ait été connu des populations quaternaires primitives.

leurs côtés est formé par l'enlèvement d'un seul grand éclat, l'autre est taillé à longues facettes. On en a signalé plusieurs dans les dolmens et M. Arcelin en a recueilli une sur les bords de la Saône, près du port d'Arciat, dans une station de la pierre polie (Pl. XIX, fig. 4). Elle est identique à la pointe de trait qui caractérise l'âge du Moustier (Pl. XIX, fig. 7). Cette arme n'a été transmise aux néolithes ni par les solutréens ni par les magdaléniens, car ils ne s'en servaient pas; ils ont donc dû la recueillir dans l'héritage de quelque tribu attardée qui avait conservé en partie l'armement de l'âge moustiérien.

Ce type de tête de javeline néolithique est le seul qui soit entièrement semblable aux pointes du Moustier. Les trois autres dont je vais parler en dérivent, mais présentent avec leur prototype quelques différences qui sont le cachet des temps nouveaux.

2° Certaines têtes de javelot sont ovales, terminées en pointe antérieurement, légèrement tronquées au talon, plates et lisses d'un côté, retaillées sur tout le pourtour de l'autre. Telle est celle que la station néolithique du port d'Arciat a fourni à M. Lacroix (Pl. XIX, fig. 5). Cette forme est si franchement moustiérienne que je ne serais nullement surpris qu'on la rencontrât un jour dans quelque station paléolithique. On peut la rapprocher de la pointe de trait figurée dans les *Reliquiæ aquitanicæ,* A, pl. XI, fig. 3.

3° Deux javelines néolithiques des bords de la Saône, la première de la collection Lacroix, la seconde de la collection Arcelin, ont un côté plat et l'autre taillé à longues facettes, avec une côte médiane, terminée en pointe antérieurement; leur talon est arrondi (*Mâconnais préhistorique,* pl. 35, fig. 3 et 5). Dérivées des pointes de trait typiques du Moustier, elles sont plus étroites et ont leurs bords plus parallèles. En ménageant sur une de leurs faces une arête médiane, l'ouvrier leur a donné plus de solidité sans les rendre moins pénétrantes. On peut leur comparer une tête de javelot du Moustier représentée dans les *Reliquiæ aquitanicæ,* A, pl. 11, fig. 2, et une autre pointe provenant de Charbonnières représentée dans le *Mâconnais préhistorique,* pl. 10, fig. 4.

4° A Villeneuve-Saint-Georges, sur les bords de la Seine, on a trouvé une javeline néolithique plate d'un côté, à longues facettes de l'autre, terminée antérieurement en une pointe retaillée sur les bords et rétrécie postérieurement pour faciliter l'entrée du talon dans la hampe (Pl. XVII, fig. 13). Si l'on compare cette arme à la flèche moustiérienne d'Aiguebrun (Pl. XVII, fig. 14), on leur reconnaît une grande analogie de forme. Elles ne diffèrent guère que par le rétrécissement de la base de la javeline trouvée à Villeneuve. Celle-ci est donc un type dérivé des pointes de trait de l'âge moustiérien. A ce type il faut rapporter la javeline du cimetière néolithique de Chassemy (Pl. XIX, fig. 6).

Lances. Les pointes de silex amygdaloïdes, déjà en usage aux temps acheuléens, gisent en assez grand abondance dans la station du Moustier. Elles armaient probablement alors les extrémités des piques. Les âges suivants les délaissèrent, et elles ne furent pas transmises aux peuples néolithiques. Ils connurent cependant une tête de lance dérivée indirectement des types du Moustier, mais assez dissemblable à celle de cette caverne. Remarquable par son asymétrie, elle a un côté plat et l'autre taillé à longues facettes, orné de retouches sur les bords de la pointe (Pl. XIX, fig. 18). Je l'ai recueillie dans la partie néolithique du cimetière de Chassemy. Elle a la même forme qu'une tête de flèche que j'ai trouvée dans les assises magdaléniennes supérieures de la grotte de Gourdan (Pl. XIX, fig. 19) ; mais elle est plus épaisse.

Il me reste à mentionner une dernière forme de tête de lance néolitique dérivée à la fois du type du Moustier et de celui de Solutré. Ovale, allongée, tronquée au talon, ayant la base entaillée pour faciliter l'adaptation à la hampe, elle a un de ses côtés plat, formé par l'enlèvement d'un éclat unique, et l'autre taillé à petites facettes multiples (Pl. XIX, fig. 20). On l'a recueillie dans le dolmen de la Borderie (Charente).

Résumé. En résumé, les néolithes ont reçu des Solutréens six types de tête de flèche, cinq de javeline et trois de lance. Ils ont recueilli des Moustiériens une tête de flèche et une tête de javeline. Ils ont pris aux Magdaléniens une tête de pique. Ils ont donc fait usage de dix-sept sortes de pointe de lance ou de pointe de trait empruntées à l'armement des peuples paléolithiques. En outre, ils ont créé sept formes nouvelles, trois flèches barbelées qui sont dérivées des types solutréens, trois javelines issues toutes trois des types moustiériens, et enfin un type mixte de lance qui tient à la fois du type de Solutré et de celui du Moustier. Ainsi plus des deux tiers de ces armes sont identiques à celles des âges précédents ; les autres sont nées de perfectionnements successifs dont on retrouve les divers essais, indices irréfragables de leur origine. Si l'on avait à juger l'état de civilisation des peuples néolithiques sur ces seules sortes d'armes, il faudrait conclure que le progrès des temps a seul fait éclore l'industrie néolithique de celle des âges précédents ; il faudrait non-seulement repousser l'hypothèse de l'Europe transformée, à la fin des temps paléolithiques, en un désert dans lequel aucune voix humaine ne se serait fait entendre, mais même la supposition d'une invasion de peuplades étrangères venant substituer une industrie à une autre, comme les Européens l'ont fait en Amérique après la découverte du Nouveau Monde. Ce serait aller trop loin, et

nous allons voir, en continuant cet examen, des différences profondes
s'accentuer entre l'état des hommes néolithiques et celui des peuples qui
les ont précédés sur la terre de France.

POIGNARDS

Il n'est pas certain que les Solutréens aient connu le poignard; cependant en ces temps reculés où le même silex taillé était souvent
employé à des fins différentes, il ne serait pas étonnant que les longues
têtes de lance ovalaires aient été parfois ajustées dans des manches
courts qui les transformaient en poignards. La pointe de Solutré, dessinée pl. XVI, fig. 7, était certainement très-propre à cette destination. Les
Magdaléniens inventèrent le poignard en bois de renne, auquel ils don-
nèrent quelquefois de grandes dimensions; et sous l'abri de Laugerie,
M. Massénat a recueilli deux grandes lames en silex, presque semblables
à celles des coutelas en fer des tombes gauloises et à celles de nos grands
couteaux. Mais jusqu'à présent on n'a signalé dans aucune station paléolithique des poignards en silex comparables à ceux du Danemark et
à celui que M. Lartet a trouvé à Sordes. Sans doute des découvertes
subséquentes pourront combler cette lacune, car le poignard en silex
fut rare, même pendant l'âge néolithique; il était cependant nécessaire
de la signaler. Cette arme date de l'âge acheuléen. J'en ai vu de magni-
fiques, provenant de Saint-Acheul, dans la collection de M. d'Acy. C'est
probablement de ces poignards que sont dérivés ceux des néolithes.
Mais les formes intermédiaires nous sont inconnues.

HACHES

Pour compléter la nomenclature des armes néolithiques, il convien-
drait de parler ici de la hache polie, arme que ne connurent pas les
peuplades paléolithiques. C'était un outil plus encore qu'une arme, et
l'on ne doit pas douter qu'elle n'ait servi à deux fins, ni qu'elle ait été
à la fois le point de départ de la hache, de la francisque et de la halle-
barde. Très-différente des grandes pointes quaternaires, elle n'a jamais
été employée pour percer. Pour s'en servir, il fallait élever le bras et
frapper; on l'employait comme on emploie le sabre, non comme on
manœuvre l'épée. J'en parlerai avec plus de détail en m'occupant des
outils.

OUTILS

Les outils diffèrent des ustensiles en ce qu'ils servent à fabriquer, à
transformer, tandis que les ustensiles ne sont utilisés que pour trans-
porter ou pour contenir. Les outils néolithiques furent en silex ou en
os. Les outils en silex furent les couteaux, les poinçons, les grattoirs,

les racloirs, les scies, les ciseaux, les haches. L'art de travailler les peaux, le bois, la corne et l'os eut pour expression les grattoirs, les racloirs, les couteaux, les poinçons et les scies.

Je dirai peu de chose des couteaux et des poinçons. Ils sont en grande quantité dans toutes les stations de l'âge de la pierre, et personne ne conteste que leurs types se soient perpétués à travers les âges paléolithiques jusqu'à l'âge néolithique et à celui des métaux. « Un couteau » est toujours un couteau, a dit M. Cartailhac; un poinçon est toujours » un poinçon. » Assurément, ces outils ont reçu des perfectionnements depuis leur invention. Chaque âge les a marqués de son cachet en créant certaines formes particulières; mais la filiation des formes nouvelles est si facile à établir, que personne ne la nie. Il est superflu d'insister sur ce point.

Les grattoirs néolithiques sont aussi des imitations des grattoirs quaternaires. Les procédés pour la préparation des peaux furent les mêmes pendant l'âge de la pierre tout entier, et les Esquimaux les ont conservés jusqu'à nos jours. Il n'est personne qui n'en convienne. Je ne parlerai donc pas des perfectionnements successifs du grattoir en silex. Cependant je ferais connaître la vérité d'une manière très-incomplète, si, dans une discussion où il s'agit de montrer les liens qui unissent l'industrie d'un âge à celle d'un autre, je ne faisais remarquer que certaines formes très-spéciales de longs grattoirs doubles, que j'ai rencontrés dans les assises magdaléniennes de la grotte de Gourdan, ont passé sans modification dans l'outillage néolithique, puisqu'elles ont été retrouvées dans le dolmen de Grailhe, Gard. (Voyez *Matériaux pour l'histoire primitive de l'homme*, 1869, 5ᵉ année, IIᵉ série, p. 538, fig. 59.)

Les racloirs, assez rares à l'âge de la pierre polie, sont pareillement une imitation de ceux du Moustier. (Voyez dans les *Matériaux*, IIᵉ série, 5ᵉ année, pl. XV, de nombreux racloirs provenant de la grotte néolithique de Durfort, et pl. XXIV, fig. 2, *ibid.*, un racloir ovale provenant du camp de Chassey.

Les scies en silex ou, du moins, les tranchants à dents, ont été inventés à l'époque solutréenne. M. de Rochebrune en a de cet âge dans sa collection. Les populations qui en ont le plus fait usage aux temps magdaléniens furent celles de Bruniquel. Elles ébrechèrent régulièrement tous les silex destinés à tailler et à couper, de manière à multiplier l'effet du bord tranchant sans augmenter sa longueur. Ces instruments n'étaient alors en réalité que des couteaux perfectionnés. Ils suffisaient pour entamer la partie extérieure du bois de renne, toujours beaucoup plus dure que la partie intérieure, qui est spongieuse; ils ne pouvaient scier qu'à une petite profondeur. L'instrument, étant plus épais que sa tranche dentelée, ne pénétrait pas tout entier dans la coupure qu'il faisait. Il fallait ensuite éclater le bois de renne. Nos scies de fer ont la lame très-mince ; leurs dents sont dirigées alternativement à droite et à gauche. Il en résulte que les sillons qu'elles creusent sont plus larges que la lame n'est épaisse, et qu'elle peut s'y engager. La scie véritable, à dents alternativement inclinées à droite et à gauche, est une invention des temps néolithiques ; mais le couteau à crans de Bruniquel a été évidemment un acheminement vers cette invention.

Parmi les outils quaternaires, il en est un, le ciseau, que j'ai recueilli en petite quantité dans les assises magdaléniennes de Gourdan et de Lortet (Pl. XIX, fig. 9, 13 et 15). Un de ses côtés est formé par l'enlèvement d'un seul grand éclat, l'autre a plusieurs grandes facettes ; il est semblable au ciseau néolithique auquel plusieurs auteurs ont donné le nom de Flèche à tranchant transversal (Voyez ceux qui ont été recueillis dans les grottes sépulcrales de la Marne, pl. XIX, fig. 10, 11 et 14). Arme et outil, il servait probablement à plusieurs usages et pouvait devenir un instrument de mort lente pour les suppliciés. M. de Baye en a trouvé un engagé dans une vertèbre humaine. Dans le département de Seine-et-Marne, on en a recueilli de très-gros (Pl. XIX, fig. 12 et 21). Il semble que ces énormes ciseaux soient un acheminement vers la hache polie. (Voyez une hache des premiers temps néolithiques provenant des bords de la Saône, pl. XIX, fig. 22.) Mais le ciseau présente une particularité constante qui l'éloigne de la hache : c'est qu'il a toujours un côté formé par l'enlèvement d'un seul grand éclat.

La véritable hache n'est apparue en Gaule qu'à l'époque néolithique. Sa partie tranchante est plus large que son talon. On l'ajustait dans un andouiller de cerf que traversait un manche de bois. C'était un outil d'un emploi relativement commode pour couper les branches d'arbres. Avec son aide l'homme se construisit des huttes de bois et d'argile dans les champs, et des pilotis sur les lacs ; il cessa d'habiter exclusivement les cavernes, et la terre se couvrit de villages. Les vestiges paléolithiques trouvés en Gaule sont insuffisants, il faut l'avouer, pour en indiquer l'origine ; et je pense que, dans l'état actuel de la science, on doit la considérer comme inventée dans d'autres régions, pendant l'âge magdalénien, et transportée en Gaule à l'époque néolithique par importation pacifique ou par invasion. Dès l'âge magdalénien, les peuplades de Gourdan savaient polir le bois de renne et s'essayaient à polir la pierre. Ils n'ont jamais songé à polir une arme en silex (¹).

(¹) Depuis que j'ai écrit ces lignes, j'ai remarqué, dans la collection de M. d'Acy, des silex de Saint-Acheul appartenant à des types qui n'ont pas encore été figurés et dans lesquels j'ai cru reconnaître les outils dont est dérivée la hache polie. Je citerai notamment des formes qui con-

Dans l'outillage néolithique on trouve encore un instrument en pierre inconnu aux âges précédents, et dont rien, pendant l'âge magdalénien, ne semble avoir présagé l'apparition dans notre pays : c'est la meule. Indice d'une culture naissante, elle est la manifestation d'un changement considérable dans la manière de vivre. L'homme est devenu sédentaire. Les meules primitives se composent d'un simple morceau de grès ovalaire, aplati, rendu légèrement concave par le frottement, et d'un autre morceau de grès plus petit, destiné à être tenu à la main. On mettait le grain sur le grès inférieur, et on l'écrasait au moyen du grès supérieur, auquel on imprimait un mouvement de va-et-vient plutôt qu'un mouvement de rotation. Ces instruments, dont sont dérivées les meules de nos moulins, étaient des concasseurs plutôt que des meules véritables. C'est tout ce qu'on peut imaginer de plus simple. Cette simplicité même semble indiquer qu'ils furent importés dans le pays de Gaule dès les premiers temps de l'invention, et l'on peut en induire que la culture était encore bien rudimentaire quand elle vint changer la face de nos campagnes. Il faut cependant faire la part du temps qu'il lui fallut pour arriver, de régions sans doute fort lointaines, à travers des contrées dépourvues de chemins et habitées par des peuplades chasseresses auxquelles répugnait la vie sédentaire.

Plusieurs outils néolithiques furent en os. Parmi eux les poinçons et les lissoirs furent les plus communs. Ils ressemblent à ceux de l'âge solutréen plus qu'à ceux de l'âge magdalénien. Les aiguilles néolithiques sont loin d'avoir la perfection de celles de l'âge du renne. Elles sont identiques à celles de la période moustiérienne, si toutefois celle que M. Lartet a trouvée à Cro-Magnon n'est pas néolithique elle-même.

En résumé, l'outillage des temps néolithiques ne fut autre que celui des âges précédents. Les formes des instruments usuels ne furent pas modifiés d'une manière sérieuse; quelques-unes furent perfectionnées, c'est ainsi que du couteau à crans naquit la scie. Mais à côté de cet héritage que les néolithes reçurent des générations qui les avaient précédés, il y a aussi la meule et la hache polie dont aucun essai, aucun vestige précurseur n'a été laissé sur notre sol par les âges paléolithiques. Importés probablement par un peuple envahisseur, elles ont apparu soudainement et sont le sign d'une immense révolution dans la manière de vivre.

duisent à ce que M. Reboux a nommé la hache mézolithique, instrument qu'on devait emmancher par le milieu. Mais les intermédiaires entre ces formes et la hache polie nous manquent. Il reste donc à peu près certain que la hache polie a été inventée en d'autres contrées que la Gaule.

USTENSILES

USTENSILES

Les ustensiles furent peu nombreux et presque tous en bois ou en peau pendant la période paléolithique. Cependant l'homme des temps magdaléniens en a possédé plusieurs en andouiller de renne, notamment la spatule et la cuiller. La cuiller ovale de Gourdan servit de modèle pour la fabrication des cuillers néolithiques en terre cuite, dont la profondeur fut parfois très-peu considérable. Sa forme spéciale, très-différente de celle des cuillers arrondies de l'Afrique et de l'Italie, peut la faire considérer comme un des ustensiles dont l'usage prolongé sans grande modification prouve le mieux la continuité de la tradition de l'homme dans le pays de Gaule. Mais si cet ustensile relie l'âge de la pierre polie aux âges précédents, l'invention de la poterie donne au contraire aux temps néolithiques un cachet nouveau des plus remarquables. D'innombrables vases aux formes et aux ornements les plus variés remplacèrent les outres de peau. Leurs débris jonchent encore notre sol et permettent de donner une date relative aux stations dans lesquelles on les trouve. Les vaisseaux en terre, fragiles et encombrants, ne conviennent guère aux nomades. La poterie, comme la meule et la hache de pierre, est donc un indice de la vie sédentaire.

VÊTEMENTS ET JOYAUX

On ignore si l'homme des temps magdaléniens se vêtissait. On trouve en grande abondance de fines aiguilles en bois de renne sous les abris où il a vécu ; mais les gravures le représentent nu, marchant à la poursuite du gibier. Il est probable qu'il se couvrait parfois de peaux, mais il paraît n'avoir pas connu les étoffes. L'homme néolithique se vêtissait et savait tisser ses habits. Il a même inventé le bouton pour unir ses vêtements. J'en ai trouvé un fort beau en os dans le dolmen enterré de l'Hopitat (Ardennes). Il ne se servait, comme je l'ai dit plus haut, que de grossières aiguilles très-impropres à la couture et n'avait pas su s'assimiler l'art magdalénien d'en fabriquer de fines, qu'il aurait pu tirer non plus du bois de renne, mais des os d'oiseaux. En revanche, la présence de fusaïoles en terre cuite dans les stations de la pierre polie prouve qu'il connaissait l'art de filer.

Les parures consistèrent, aux deux âges de la pierre, en des colliers, des bracelets et des ornements de tête. Le jayet, la stéatite, l'argile, l'ocre, l'os furent arrondis en perles ; les coquilles, les dents des animaux, les cailloux furent percés. Une gravure découverte à Laugerie-Basse montre une femme avec un collier et des bracelets de perles. Les coquilles furent aussi disposées en groupes sur les peaux et les vêtements d'une façon ornementale. Les néolithes les découpèrent fréquemment en rondelles de nacre ; ils employèrent l'ambre, que l'habitant de la Gaule, aux temps quaternaires, semble n'avoir pas connu ; ils affectionnèrent surtout une forme de grain de collier qui, selon MM. Noulet et Cartailhac, représente un double *phallus*. Les Magdaléniens aussi firent des amulettes qui ne sont pas sans quelque ressemblance avec le *phallus*. Parmi leurs perles de collier, il y en eut de nombreuses en ocre poli et en argile sèche et dure qu'ils perçaient sans la ramollir, en pratiquant un trou aux deux extrémités opposées, comme s'ils eussent percé une pierre. Cette manière de trouer l'argile est mise en évidence lorsqu'on casse une de ces perles : on remarque alors que le trou est formé de deux cônes dont les sommets sont dirigés l'un vers l'autre. Il ne faut donc pas voir dans ces grains d'argile l'origine de la poterie ; mais il faut encore moins mettre en doute leur existence. On en a recueilli dans les assises magdaléniennes supérieures de Gourdan et de Bruniquel. On s'est étonné que de l'argile non cuite ait pu se conserver sous l'abri des grottes depuis une époque aussi éloignée que l'âge du renne. Mais ne se conserve-t-elle pas en nodule dans les terrains les plus anciens des périodes géologiques, sans qu'aucun abri la protège. Pour prouver sa facile destructibilité par l'eau, on a signalé les maisons de brique non cuite emportées à Toulouse par les torrents de la dernière inondation ; mais peut-on comparer l'argile fine, homogène et dure des grains de collier, à l'argile sableuse et mal agrégée des briques non cuites ; peut-on comparer le choc violent d'un fleuve débordé contre des maisons qui lui font obstacle, à l'humidité produite par les eaux pluviales dans une caverne où jamais, depuis la fonte des glaciers quaternaires, un torrent n'a pénétré, car le moindre cours d'eau en eût balayé les couches pulvérulentes ? Enfin on a parlé du piétinement des habitants qui auraient dû les écraser. Mais personne ne conteste que l'on ait recueilli de pareils grains dans des grottes néolithiques pendant longtemps habitées ; l'objection, si elle avait quelque valeur contre les grottes magdaléniennes, vaudrait également contre les cavernes de la pierre polie. Peut-être dira-t-on que les perles d'argile ont pu s'enfoncer dans les couches encore meubles et pénétrer de l'assise néolithique dans l'assise magdalénienne. Je pense qu'il faut être très-avare de pareilles suppositions quand il s'agit d'un fait qui n'a rien d'insolite. Les habitants de la Gaule, à l'époque quaternaire, ont fabriqué des perles pour leurs colliers ; cela est incontesté. Ils en ont fabriqué avec ce qu'ils avaient sous la main, avec l'argile sèche comme avec l'ocre et le jayet ; cela me semble très-naturel ; quand l'invasion néolithique eut étendu les relations commerciales, les habitants de la Gaule en firent avec l'ambre que le commerce leur apporta. Il n'y a, dans tout ceci, que la manifestation d'un progrès lentement réalisé et sans grande importance.

Les hommes de l'âge magdalénien se paraient encore de bois de renne sculptés ou gravés. Ce genre d'ornement se rapporte à l'art dont je vais parler dans le paragraphe suivant.

ARTS

Gravure et sculpture. Les peuples magdaléniens excellèrent dans la représentation par la gravure et la sculpture des animaux qui les entouraient. Ils inventèrent aussi une ornementation toute de fantaisie consistant dans l'assemblage de lignes droites, de lignes brisées, de courbes et de points. Celle-ci fut la seule que connurent les peuples néolithiques. Il y a certainement, dans l'abandon, aux temps de la pierre polie, de tout art destiné à représenter les formes animales, un des traits les plus caractéristiques de cet âge. Les peuples néolithiques furent-ils impuissants à recueillir l'héritage artistique de ceux qui avaient occupé le sol avant eux ? Je ne sais. Les Solutréens et les Moustiériens qui leur ont transmis leur industrie, paraissent n'avoir dessiné ni sculpté aucun animal. Pourtant les Solutréens avaient l'amour des belles formes, comme le prouve leur soin à tailler leurs armes aux contours réguliers. Il n'est pas impossible que les néolithes aient proscrit systématiquement, sous l'influence d'idées religieuses, et par horreur des idoles, les représentations des formes de la nature.

Musique. L'homme des temps magdaléniens connut la musique comme les arts de la gravure et de la sculpture. L'instrument le plus simple, celui qui dut être inventé le premier, est assurément la flûte composée ou flûte de Pan, que l'on voit encore aujourd'hui entre les mains des sauvages et des pâtres. Formé de tubes juxtaposés dont chacun donne une note, il peut, quand ils sont nombreux, rendre des nuances très-délicates ; mais il est assez difficile à manier. Ses tubes sont ordinairement en roseau. Aussi ne pouvait-on guère espérer en retrouver les vestiges dans les stations paléolithiques. Heureusement l'homme de l'âge du renne aimait à faire des œuvres durables : au lieu de sculpter le bois et de le couvrir de gravures, il gravait sur pierre et taillait l'andouiller de renne, bien plus difficile à inciser que le bois. Cette propension à faire des choses qui restent devait donner l'espérance qu'on rencontrerait un jour ses instruments de musique s'il avait réellement connu l'art musical. C'est ce qui est arrivé. Au lieu de construire une flûte composée en roseau, il l'a faite en os d'oiseau, et comme ces os sont coupants quand on les brise, il a émoussé et poli les bords des tubes pour qu'ils ne déchirassent ni les lèvres, ni le doigt qui devait boucher le trou inférieur. On trouve ordinairement ces tubes placés les uns près des autres : dans la caverne de Rochebertier, une seule poignée de terre en contenait cinq. Il est évident qu'ils étaient juxtaposés et avaient fait partie du même instrument. Ces tubes ont parfois un trou latéral ; ils peuvent alors produire deux notes au lieu d'une, et semblent être un acheminement vers la flûte à deux trous dont se servent encore les sauvages modernes. Mais il n'est pas certain que le trou latéral ait servi à multiplier les sons. Peut-être a-t-il été percé pour faciliter l'attache des lanières destinées à relier les tubes les uns aux autres. Ses bords ont été polis pour qu'ils ne coupent pas la lanière.

L'homme néolithique a connu aussi la musique : il a fait usage de la flûte à deux trous, instrument très-imparfait, qui ne rend que trois sons, et sur lequel on ne peut jouer que des airs monotones. Peut-être s'est-il servi aussi de la flûte composée ; mais s'il a connu cet instrument, il ne l'a fabriqué qu'en roseau ou en bois, car on n'en trouve aucun vestige dans les stations néolithiques. Il serait téméraire de conclure de cette absence de débris que l'homme néolithique ait été inférieur à l'homme paléolithique sous le rapport musical. On n'a pas coutume de construire les instruments de musique en os ; le bois et le roseau sont les matières dont ils durent être faits le plus souvent aux temps primitifs.

Il a semblé étrange à l'un de nos savants les plus sympathiques que l'homme ait connu la musique dès l'âge de la pierre. Cela n'a pourtant rien que de très-naturel. L'homme est musicien par instinct et il a dû chercher à exprimer ses sentiments par la musique dès qu'il a eu des loisirs. Les Égyptiens ont fait des instruments moins bruyants que les nôtres, mais capables de rendre, par les demi-tons, toutes les nuances du sentiment. Ne serait-il pas bien surprenant que l'homme des premiers temps historiques se soit élevé de prime-saut à un art musical très-raffiné sans que l'homme des âges antérieurs lui ait en rien préparé la voie ?

RELIGION

Ce mot, appliqué aux peuples préhistoriques, fera sourire quelques personnes. Cependant la nature humaine n'a pas changé notablement depuis les temps quaternaires. L'homme a toujours été un être superstitieux. J'ai recueilli, dans la caverne magdalénienne de Gourdan, des amulettes et diverses sculptures bizarres : l'une d'elles, en bois de renne, représente une tête humaine avec des naseaux d'animal, un menton simien, des cheveux noués, pendant en queue par derrière et un cou mince, démesurément long, sur lequel est une excroissance latérale. Un trou, percé à son extrémité, indique que cette sculpture était

portée suspendue au col par son propriétaire. C'était évidemment un
fétiche, et la singularité des formes a été voulue par l'artiste. L'homme
n'a dû s'élever à la hauteur des idées vraiment religieuses, que
lorsqu'il a eu assez de loisir pour se livrer à la méditation. Il n'a commencé à jouir de ce loisir qu'aux temps solutréens. Pendant les âges
antérieurs, entouré de fauves auxquels il avait à disputer sa vie,
employant tout son temps à la recherche de sa nourriture, il n'a dû
connaître que de sombres superstitions. Mais pendant l'âge magdalénien, il s'est élevé à la conception du Dieu solaire. J'en ai trouvé à
Gourdan des représentations : elles consistent en un cercle rayonnant
ayant un point central. Ces gravures donnent immédiatement l'idée
d'un soleil ; mais l'artiste aurait pu avoir l'intention de figurer simple-
ment l'astre, sans avoir la prétention de graver une divinité. Le point
central ne permet pas d'accepter cette interprétation. Les Égyptiens,
dans leur symbolisme hiéroglyphique, représentent par un cercle au
milieu duquel est un point Ammon-ra, considéré comme dieu solaire.
Ce signe n'est autre chose que le dieu solaire de Gourdan dépouillé de
ses rayons. Il ne peut donc y avoir de doute, dès l'âge magdalénien,
l'homme eut des croyances religieuses, et la figure du dieu devant
lequel il s'inclina, passa comme un legs aux âges suivants, qui l'adop-
tèrent en la simplifiant. On retrouve le cercle pointé sur les vases
néolithiques, sur les torques et sur les bracelets gaulois ; et les tradi-
tions les plus anciennes nous parlent de peuples sauvages ou déjà civi-
lisés, adorant dès les temps primitifs de l'humanité, cet astre bienfai-
sant, source de la lumière et de la chaleur, dont la puissante action
évoque la vie et entretient la végétation sur la terre. Si le cercle
sans rayon avec un point central a symbolisé chez les Égyptiens le
dieu solaire, à plus forte raison les cercles pointés et rayonnants de
Gourdan devaient-ils le représenter.

Au seuil de l'histoire, nous voyons, dans l'Égypte et dans l'Asie, des
castes sacerdotales fortement organisées. Ces institutions et les
croyances auxquelles elles furent attachées n'ont pas été l'œuvre d'un
jour. Dans l'ordre moral, les siècles n'apportent rien qui n'ait été en
germe pendant les siècles précédents, et il n'est pas rationnel de
croire que les cultes et l'organisation sacerdotale soient nés soudainement et aient apparu dans toute leur puissance au début des temps
historiques, sans que l'homme préhistorique en ait eu la moindre
notion.

La civilisation néolithique me paraît avoir été l'expression d'un
temps où les idées religieuses prirent un grand développement. Il
semble que la représentation des plantes et des êtres animés ait alors
été interdite, et que les législateurs n'aient rien craint autant que l'art

qui peut servir à fabriquer des idoles. Si, par hasard, on trouve quelque part les vestiges d'une sculpture néolithique, il faut regarder cette exception comme le résultat d'un penchant invincible et mal contenu qui poussait dès lors l'humanité vers les arts plastiques, ainsi que plus tard il portait les juifs, malgré la volonté de Moïse, à s'incliner devant le veau d'or. Les tombeaux eux-mêmes étaient en pierre brute, et en voyant ces blocs et ces dalles énormes assemblés pour abriter la dépouille des morts, on ne peut s'empêcher de songer à ces prescriptions : « — Si tu m'élèves des autels de pierre, que ce ne soit point » avec des pierres taillées. » (*Exode*). « — Tu élèveras un autel au » Seigneur avec des rochers informes et non polis. » — (*Deutéronome*). Assurément, ces prescriptions ont été écrites à une époque plus récente que celle de la pierre polie, mais peut-être ne furent-elles qu'un écho éloigné des idées qui eurent cours pendant l'âge néolithique. L'habitude d'enterrer les morts remonte au moins aux temps solutréens.

Le culte des morts révélé par les dolmens, la proscription des idoles allant jusqu'à la prohibition de l'art qui avait flori pendant l'âge précédent, les pratiques superstitieuses qui consistaient à enlever des rondelles sur les crânes des hommes ayant vécu saintement pour en faire des amulettes, les doubles *phallus* qui, selon MM. Noulet et Cartailhac, forment souvent les éléments les plus nombreux des colliers, la représentation du dieu solaire par un cercle ayant un point central, tout concourt à faire envisager l'âge néolithique comme une phase pendant laquelle des idées religieuses, mêlées de superstitions, eurent une singulière puissance. Cette puissance, manifestée surtout par l'absence de tout art d'imitation, suppose des prohibitions rigoureusement observées, qui ne pouvaient émaner que d'un corps sacerdotal organisé. Elle donne certainement un cachet particulier à cette époque. Mais les croyances religieuses existaient déjà, je l'ai dit, pendant l'âge magdalénien. L'âge néolithique ne présenta rien de bien nouveau sous ce rapport ; il contraste cependant avec la période paléolithique, par la proscription des idoles et par l'organisation probable d'un sacerdoce.

RÉSUMÉ

La civilisation néolithique est fille des civilisations précédentes. Son outillage et son armement ont été empruntés à ceux des âges paléolithiques. Les formes moustiériennes n'y sont pas rares ; les formes solutréennes y sont plus communes que les autres. Quatre choses lui donnent son cachet : la hache polie, la poterie, la meule et les espèces actuelles d'animaux domestiques ; en d'autres termes, les villages bâtis de main d'homme, les habitudes sédentaires, la culture naissante et la vie pastorale. Dans les arts, elle est caractérisée par l'absence presque complète de toute représentation des êtres vivants. Dans l'ordre des sentiments religieux, elle paraît avoir emprunté le culte du dieu solaire à l'âge magdalénien, et le soin d'inhumer les morts à l'âge solutréen. Il est probable qu'elle a eu un sacerdoce organisé.

On s'est demandé si la hache, la meule et la poterie n'ont pas été importées pacifiquement en Gaule, par l'effet des relations commerciales. Je ne le pense pas. Elles paraissent avoir apparu simultanément, en même temps que les espèces d'animaux domestiques dont nous pratiquons encore l'élevage. Cette simultanéité ne peut guère être que l'effet d'une invasion. Le doute cesse quand on se représente dans toute sa réalité la grande transformation sociale qui eut lieu alors. Elle fut si profonde que les troupeaux de rennes, déjà condamnés par un changement de climat, furent immédiatement remplacés par des troupeaux d'autres animaux, les arts de la sculpture et de la gravure, si en honneur aux temps magdaléniens, furent abandonnés; une partie des progrès réalisés par les hommes de l'âge du renne fut perdue : c'est ainsi que l'art de fabriquer les aiguilles fit un recul considérable. Une société peut assurément se transformer en peu de temps et joindre à son outillage des armes et des instruments inventés ailleurs. Mais, si elle ne subit pas de violence, elle conserve ceux dans la confection desquels elle a su acquérir la supériorité sur ses voisins; et lorsqu'au changement d'habitudes et à l'introduction d'instruments nouveaux on voit se joindre l'abandon des arts dans lesquels elle a excellé, on peut être assuré que la transformation a été le résultat de la force, que la nation a été subjuguée par une invasion étrangère et en quelque sorte absorbée dans la masse des nouveaux venus. Si l'industrie néolithique dérive des industries quaternaires, c'est moins parce que les envahisseurs ont trouvé en Gaule les formes solutréennes et moustiériennes que parce qu'ils les avaient déjà chez eux avant leur migration.

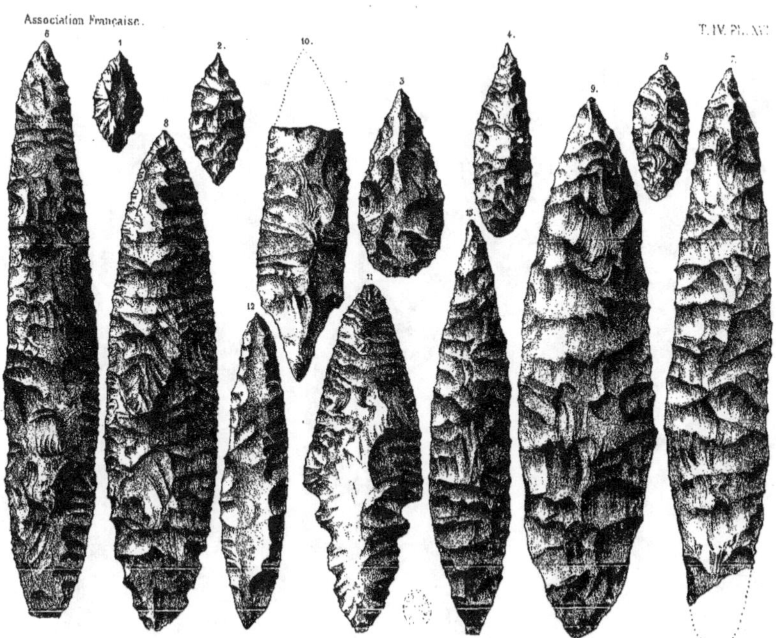

Watelet del. et lith.

E. PIETTE. — ARMES EN SILEX.

Imp. Becquet Paris.

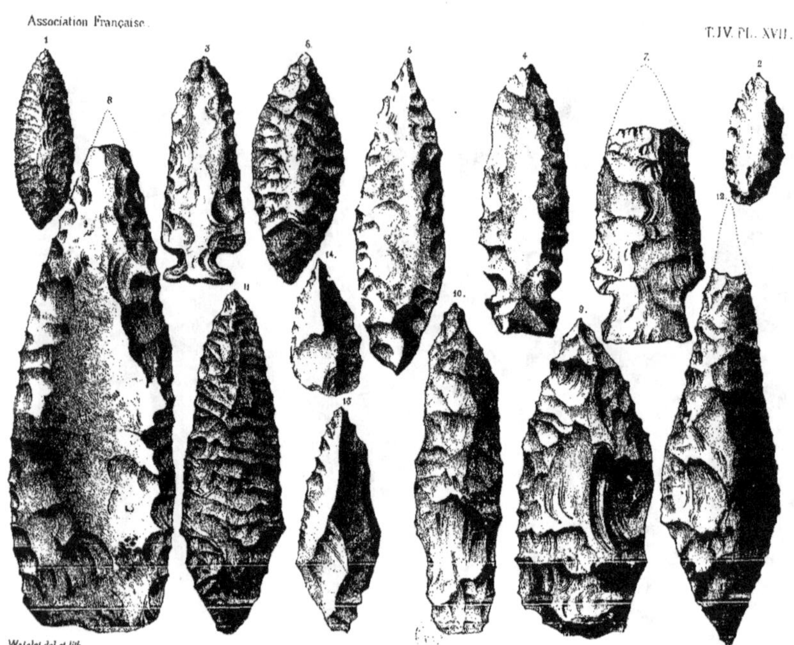

Watelet del. et lith.

E. PIETTE. — ARMES EN SILEX.

Imp. Becquet, Paris.

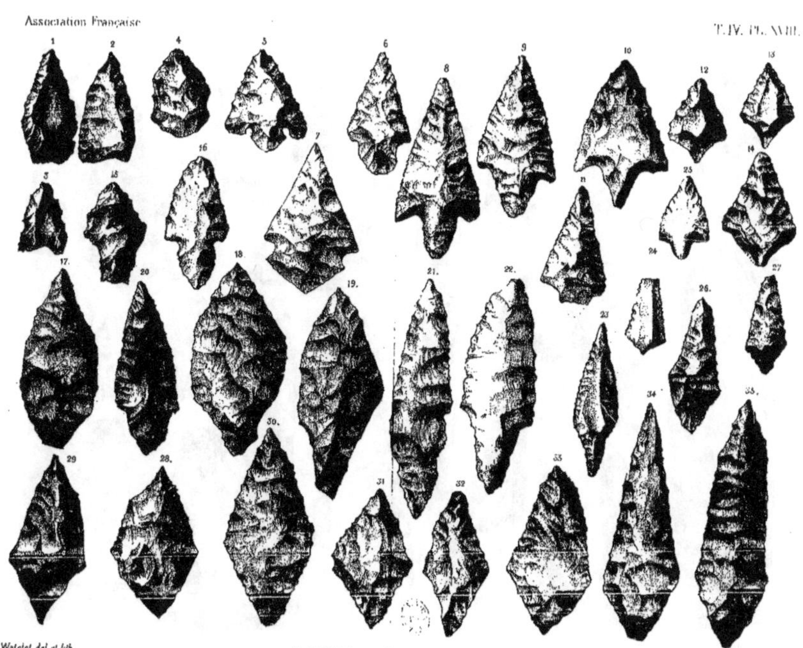

Watelet del. et lith.

E. PIETTE... ARMES EN SILEX.

Imp. Becquet. Paris.

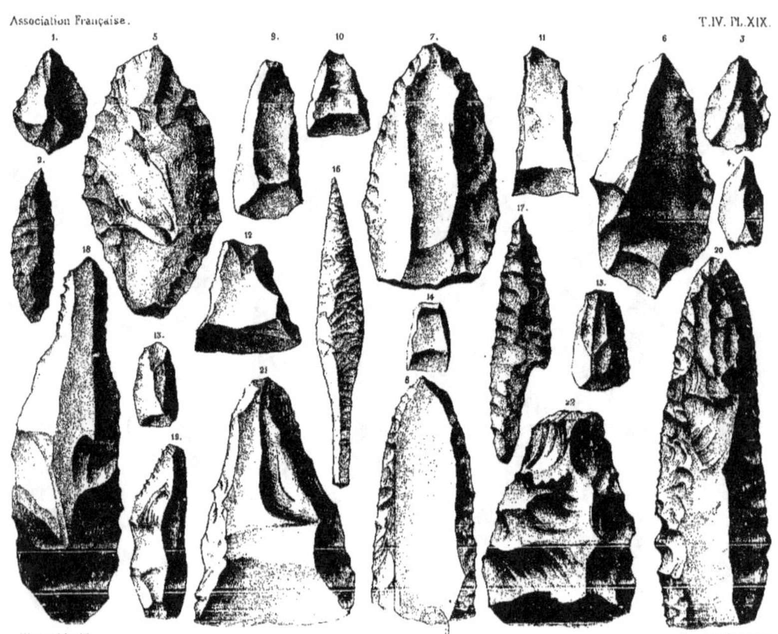

Watelet del. et lith.   Imp. Becquet, Paris.

E. PIETTE. — ARMES ET OUTILS EN SILEX.

www.ingramcontent.com/pod-product-compliance
Lightning Source LLC
LaVergne TN
LVHW051125060726
842526LV00006B/1899